M O N I Q U

HISTOIRE DE DEUX
QUI DÉCO

LES CONTRAIRES

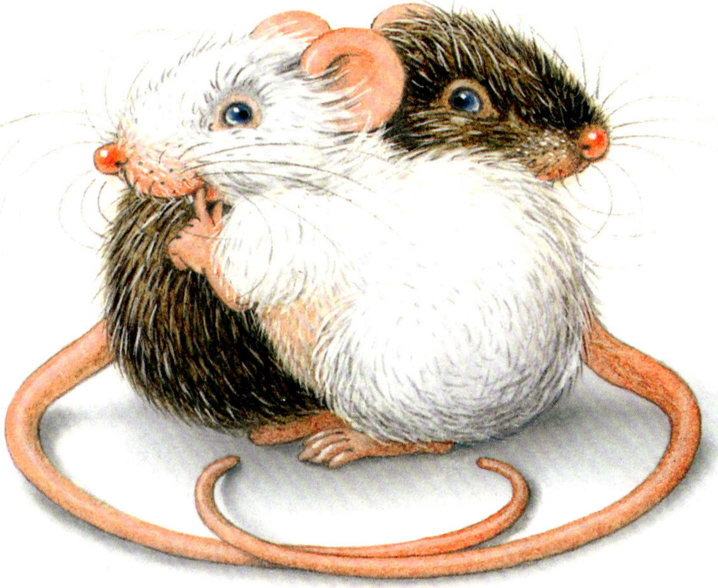

GALLIMARD JEUNESSE

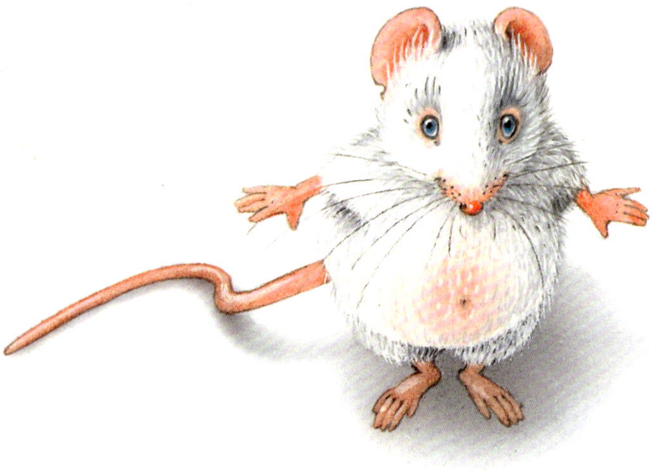

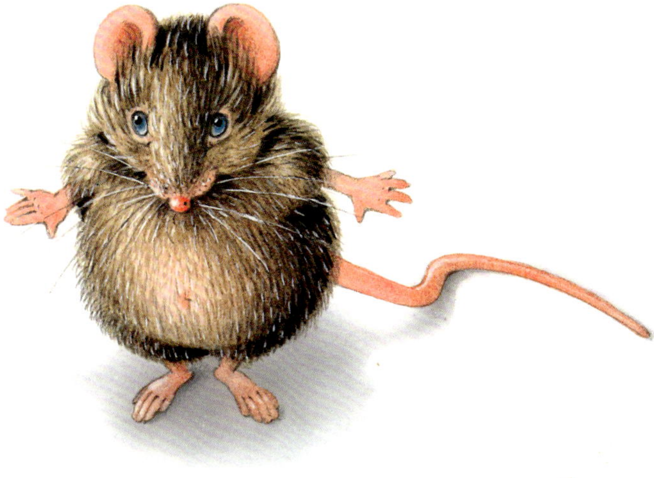

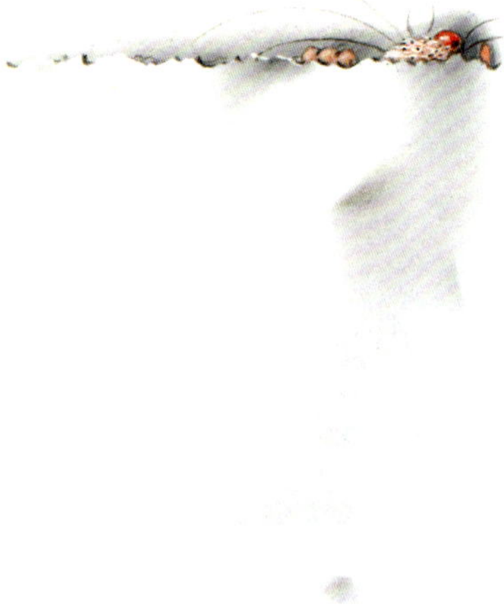

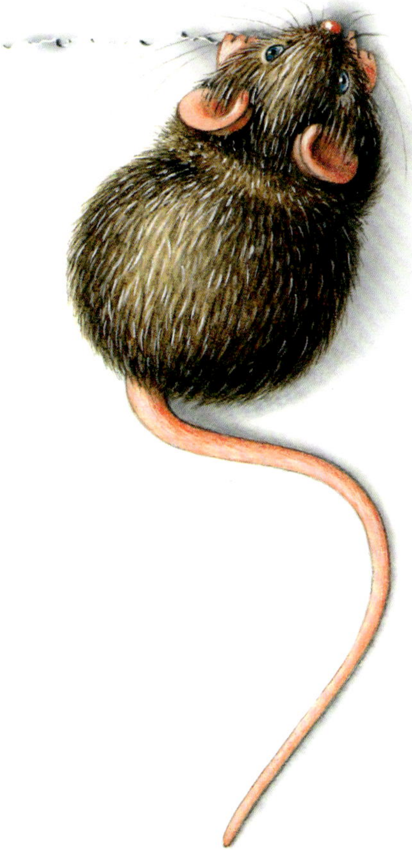

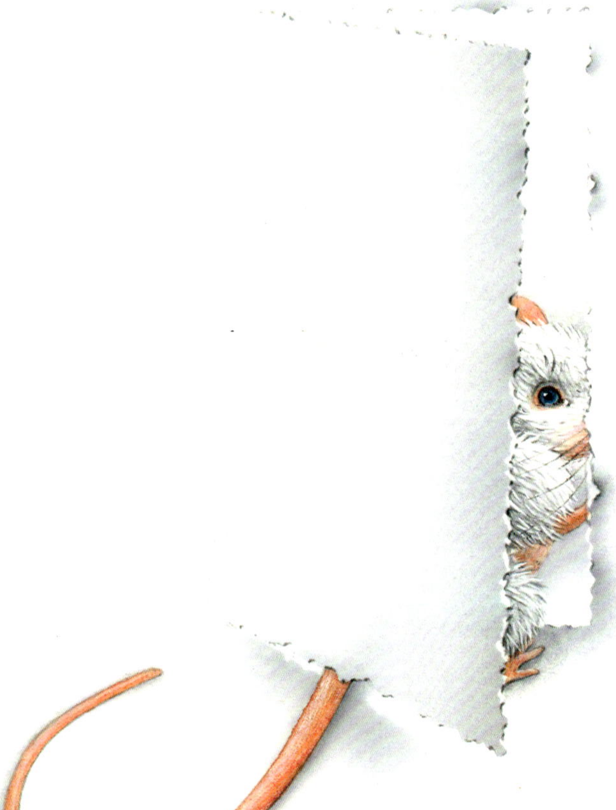

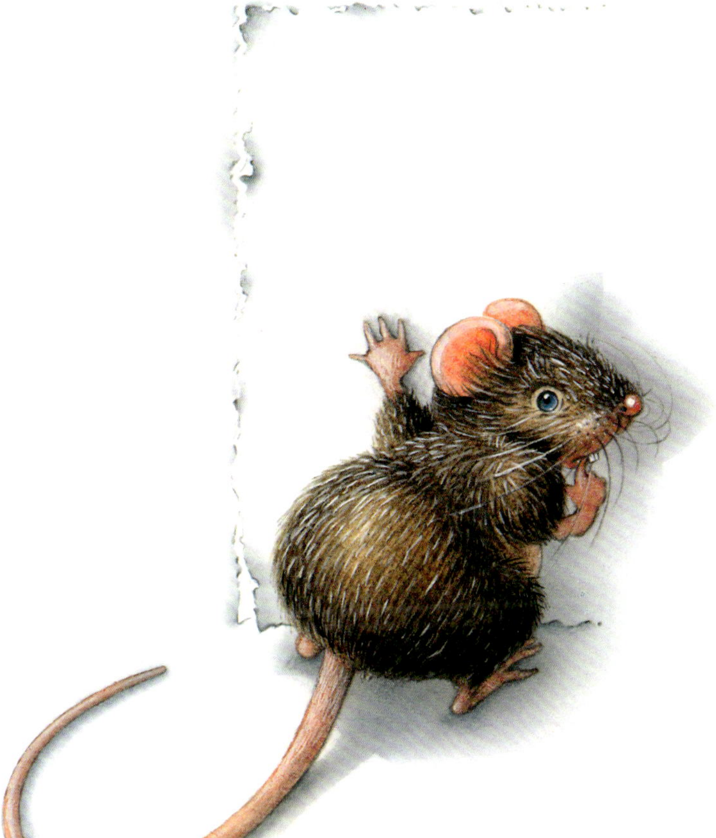

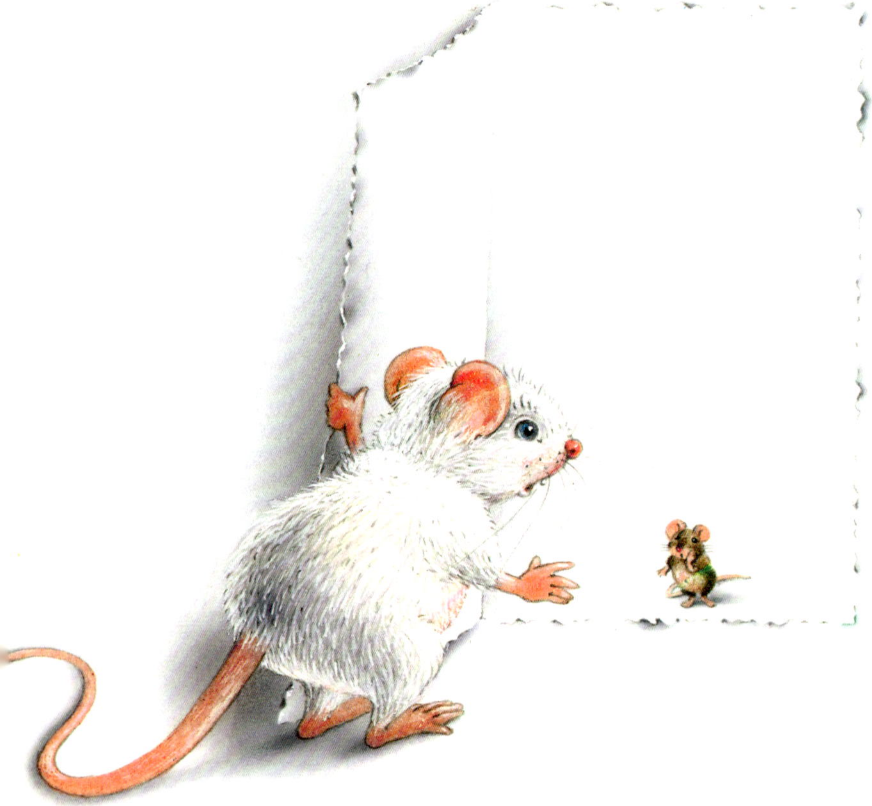

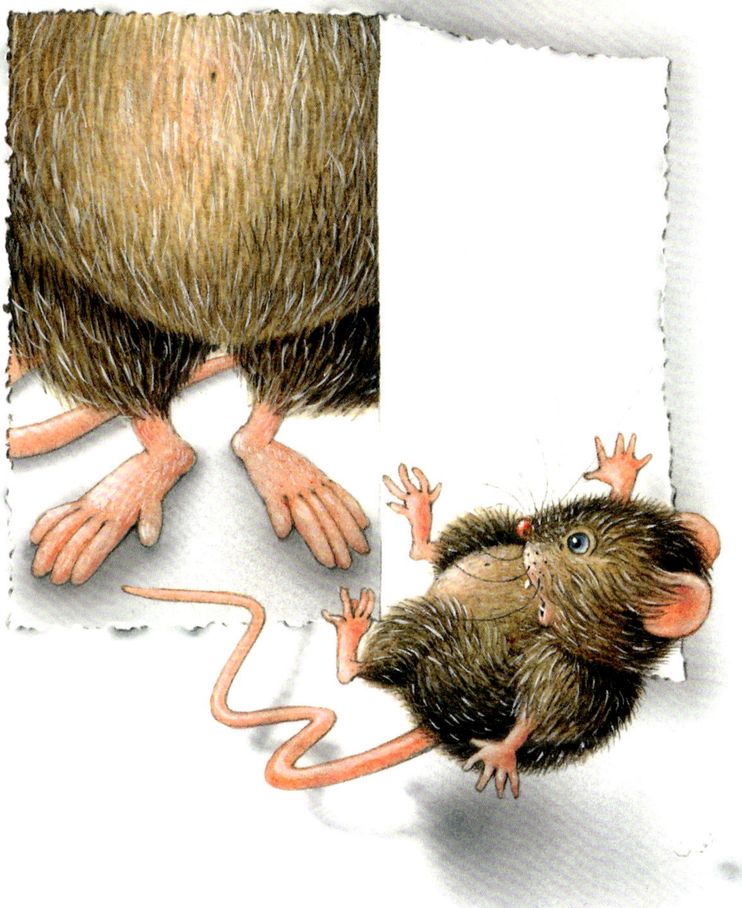

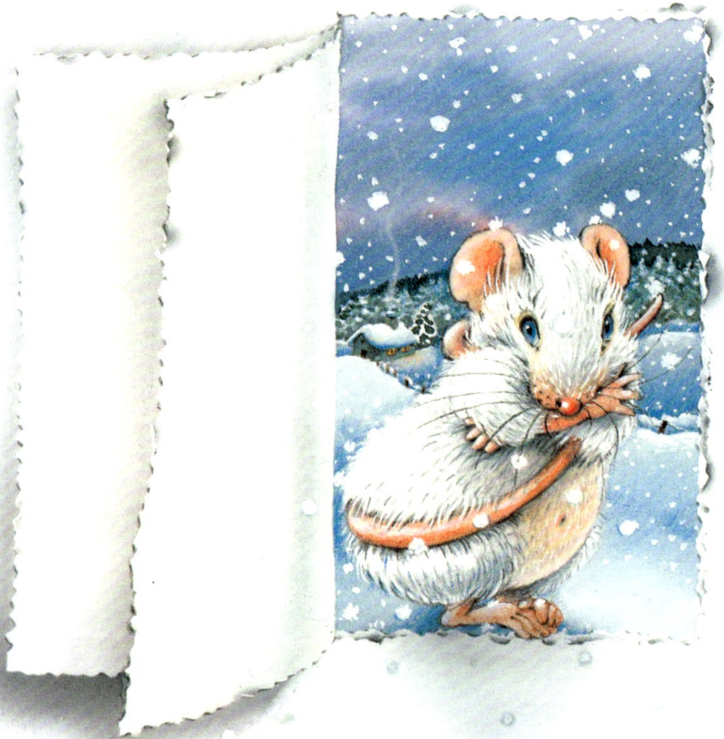

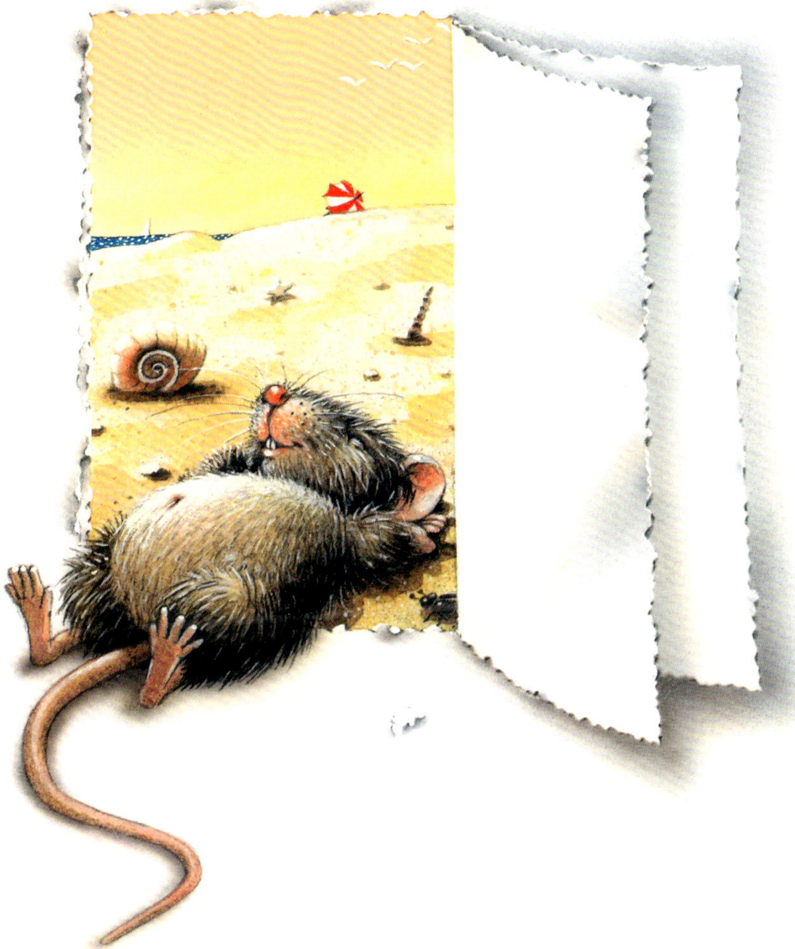

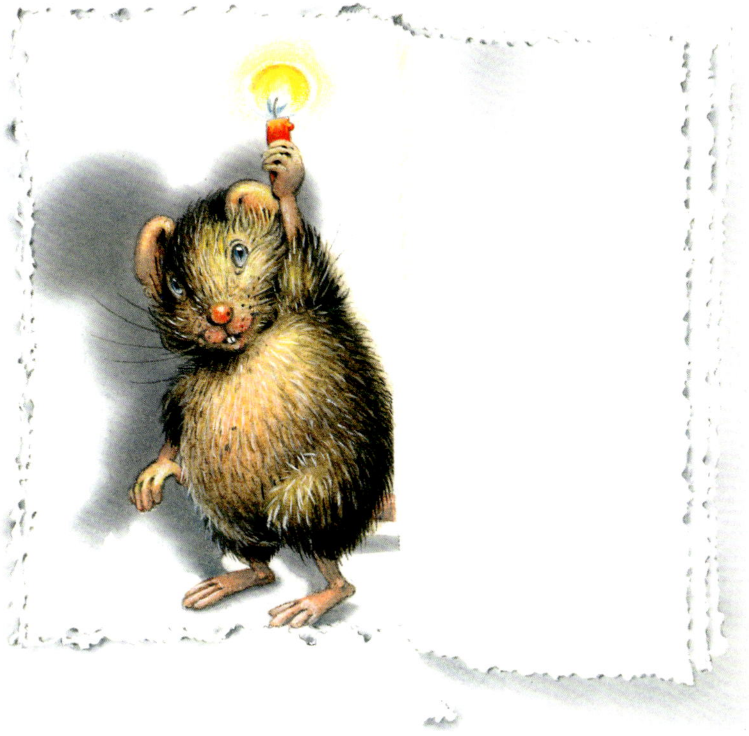

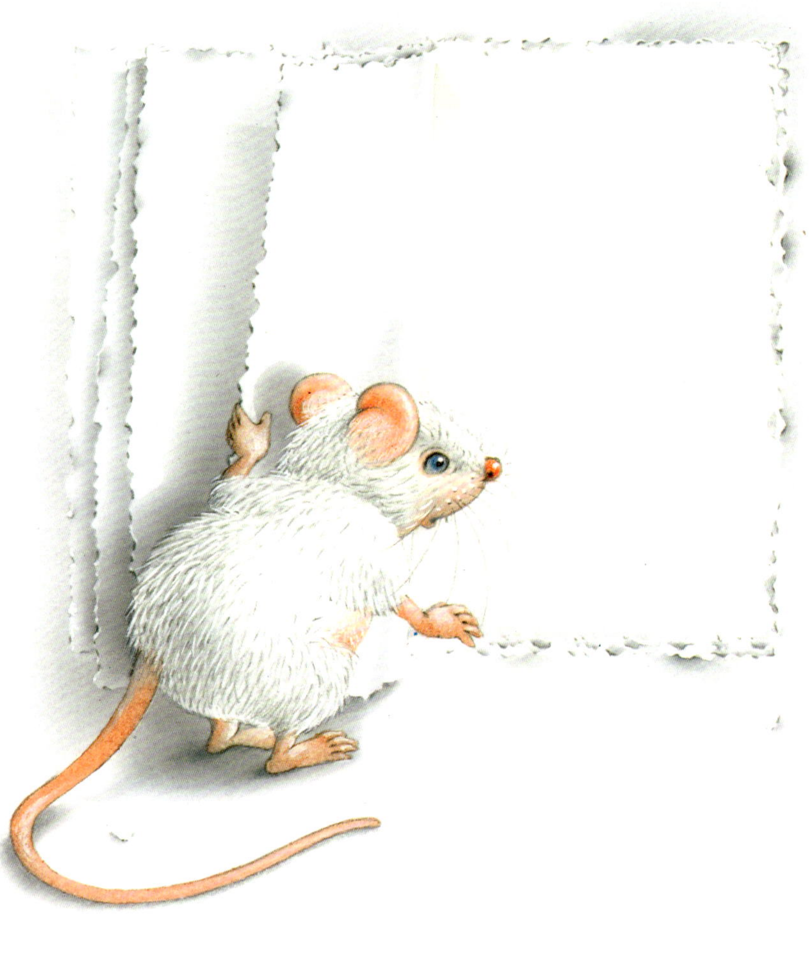

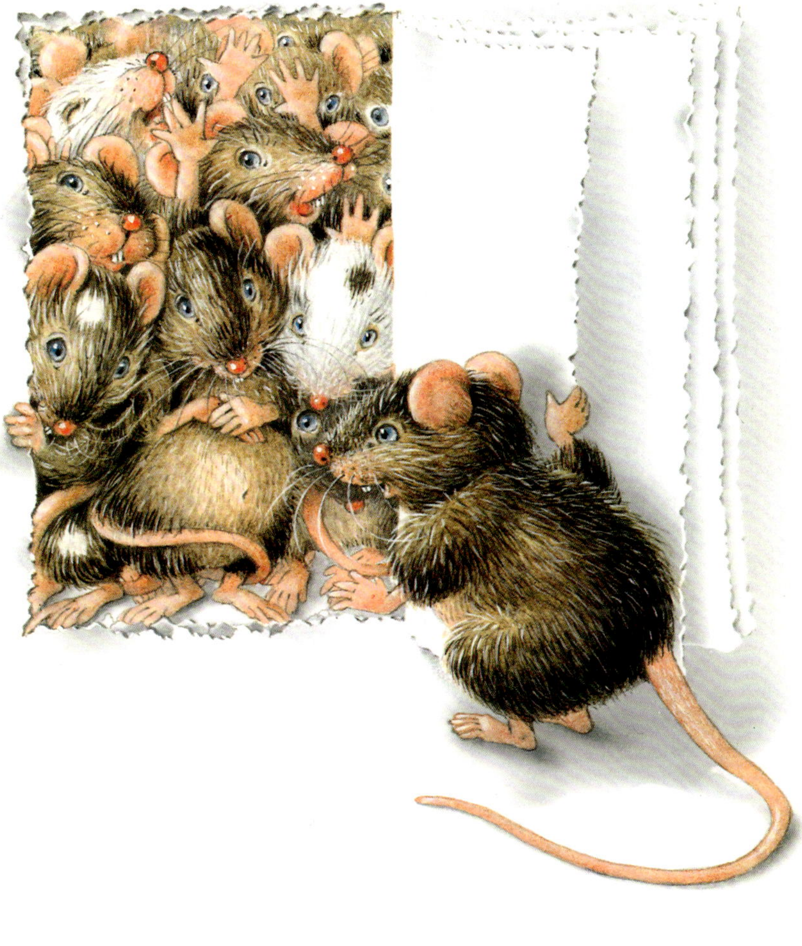

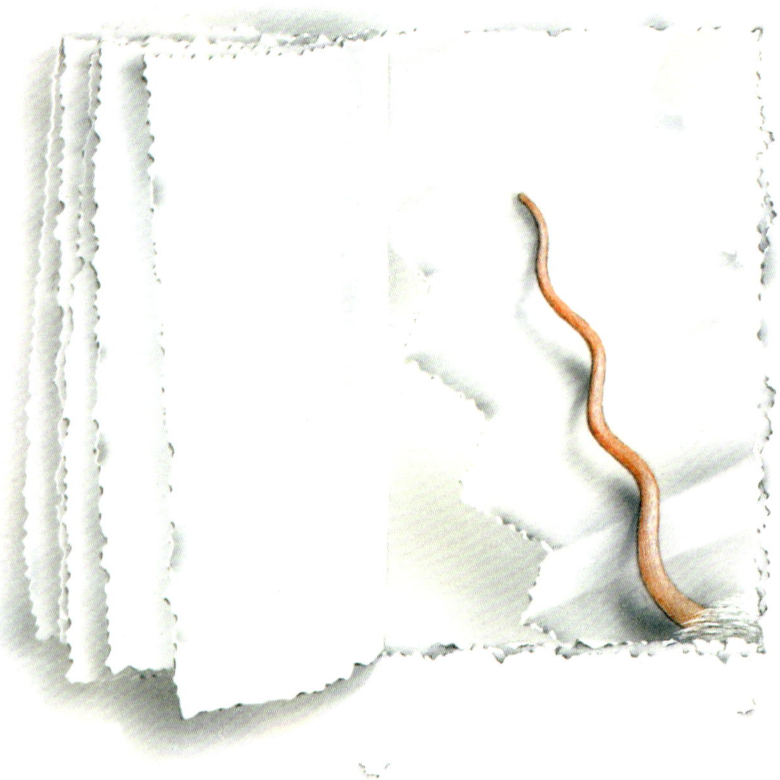

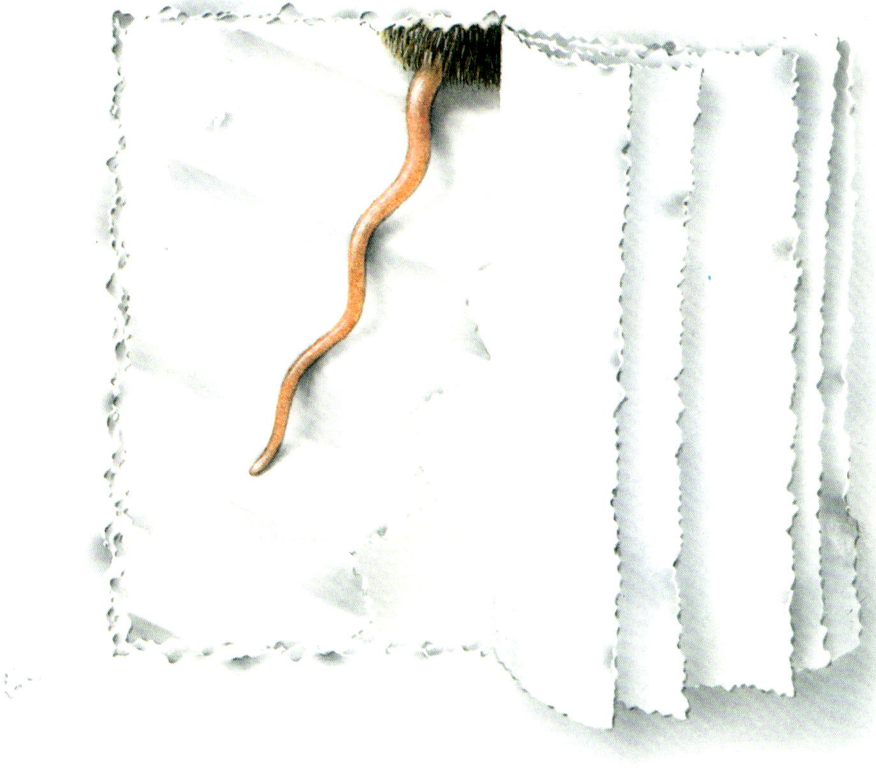

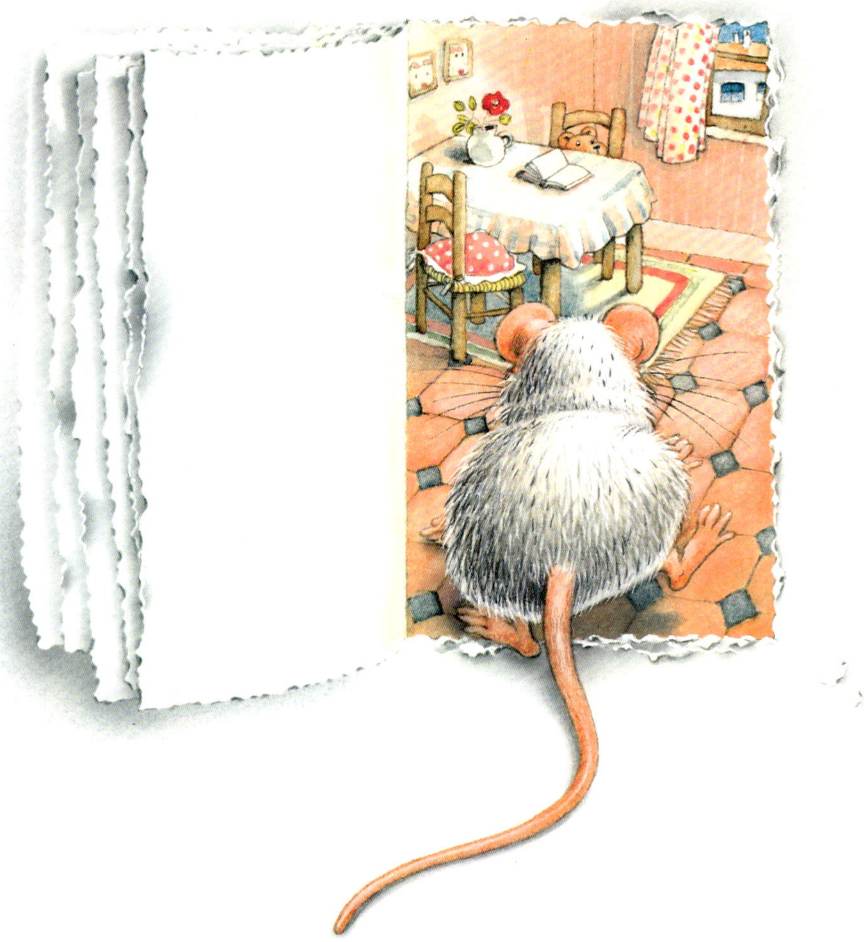

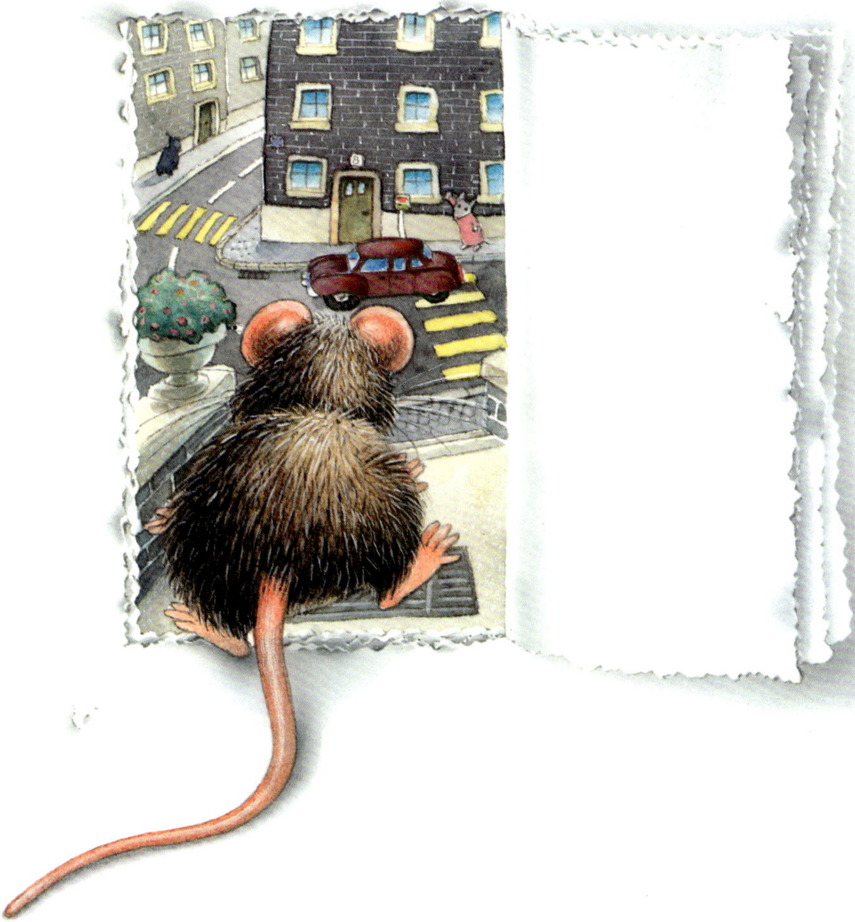

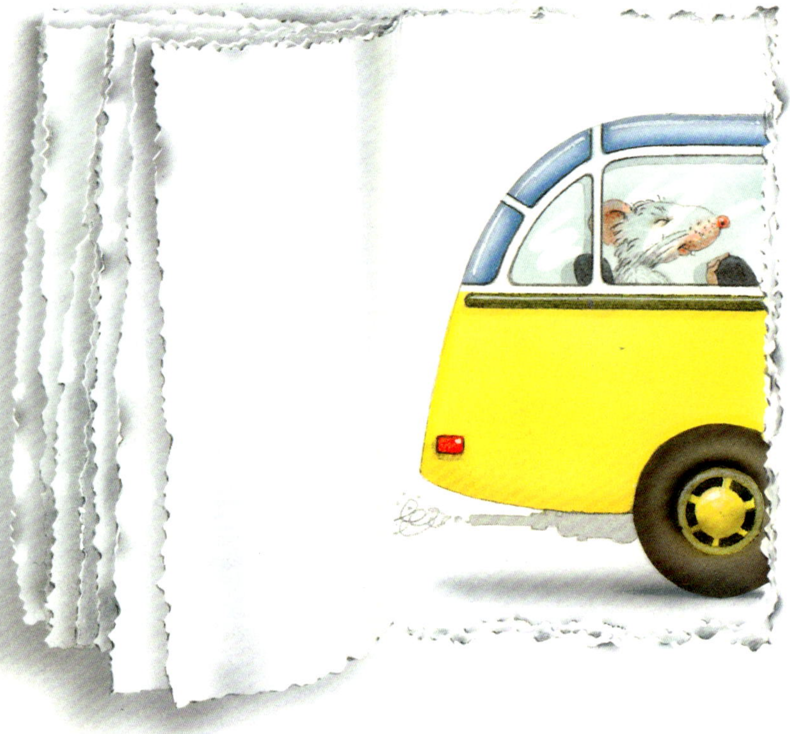

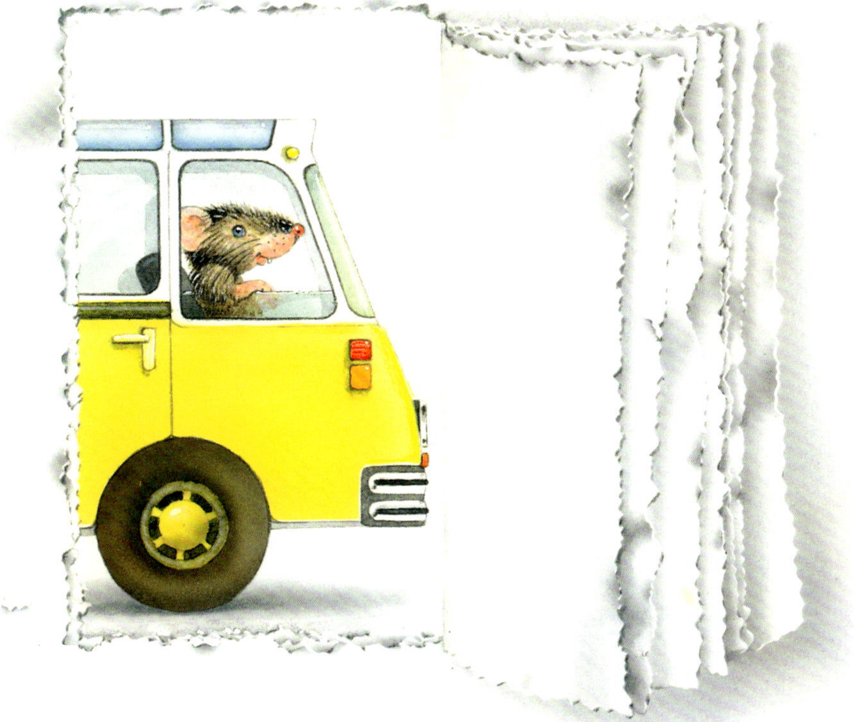

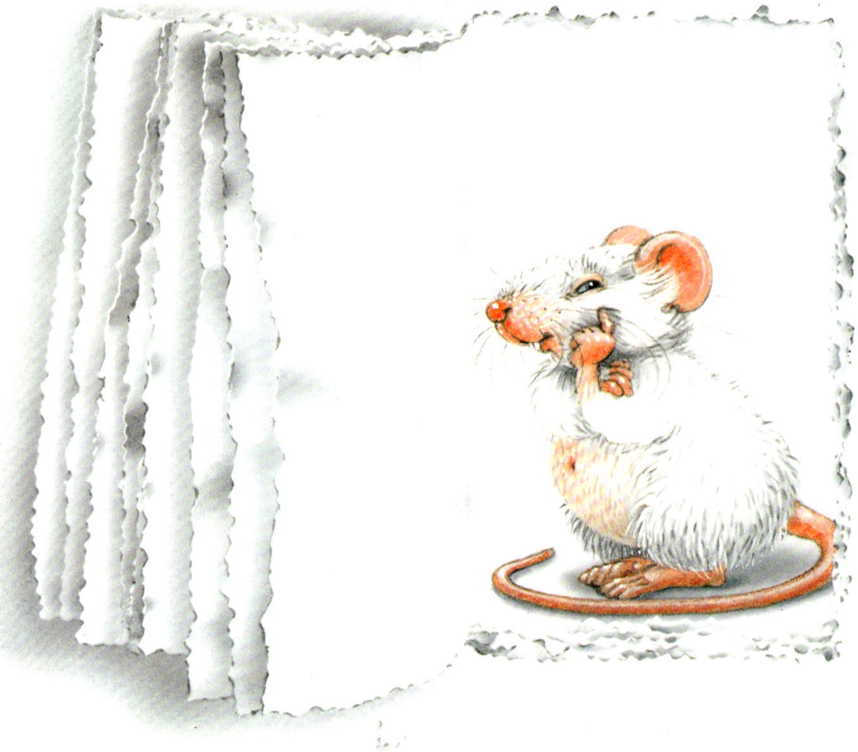

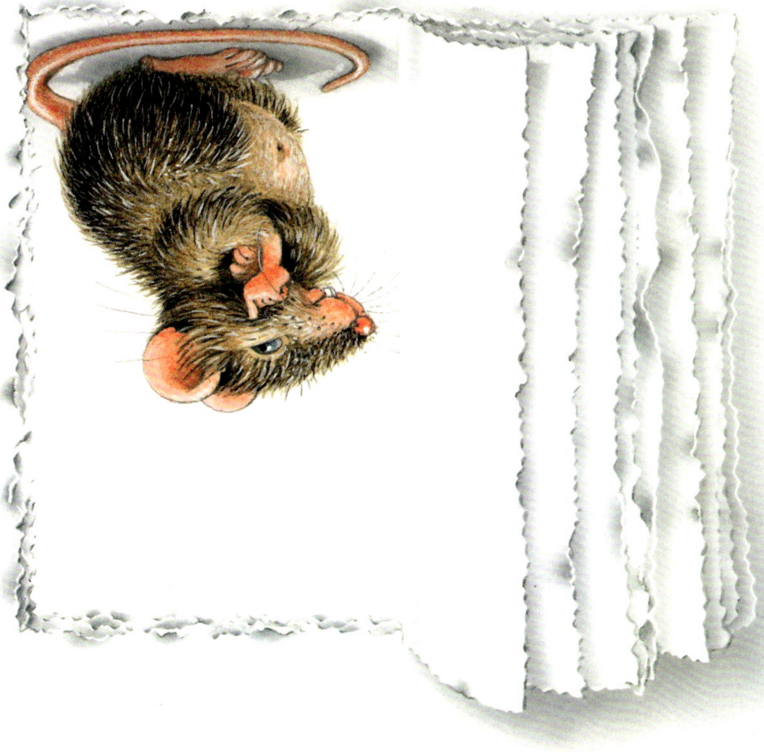

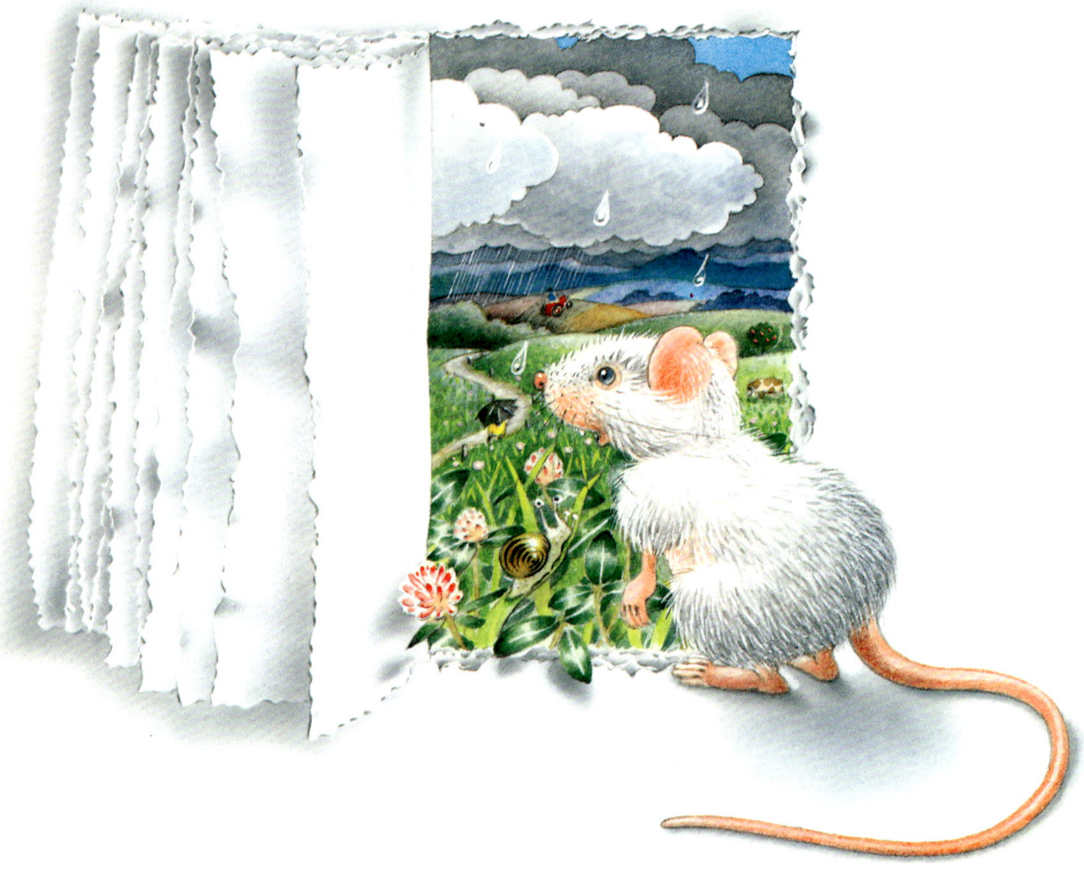

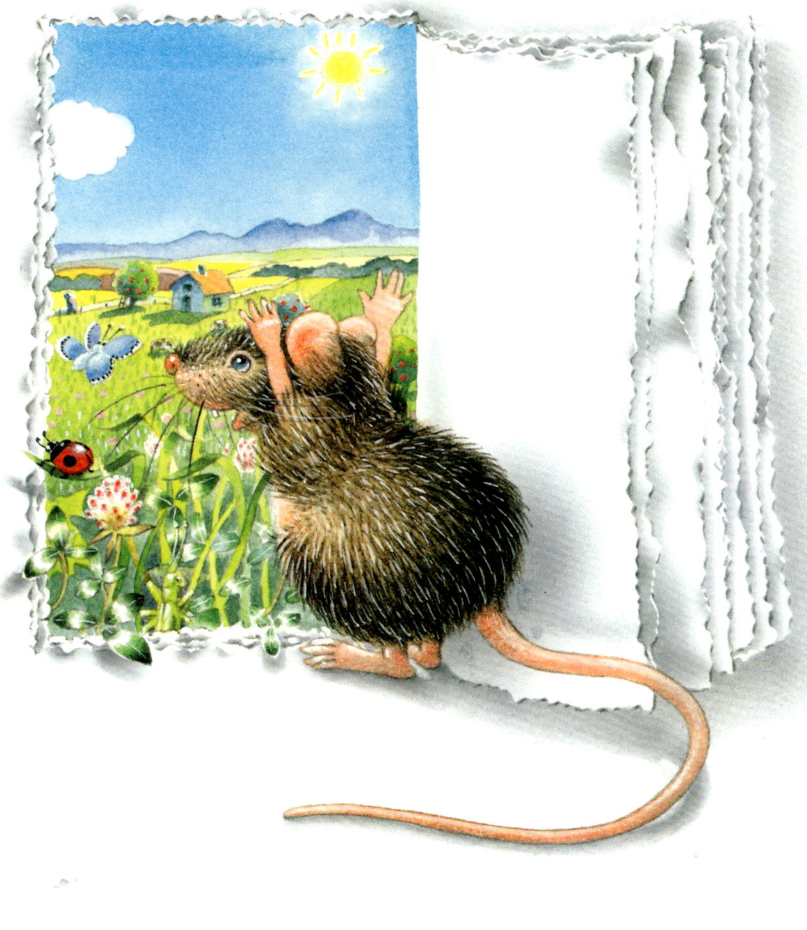

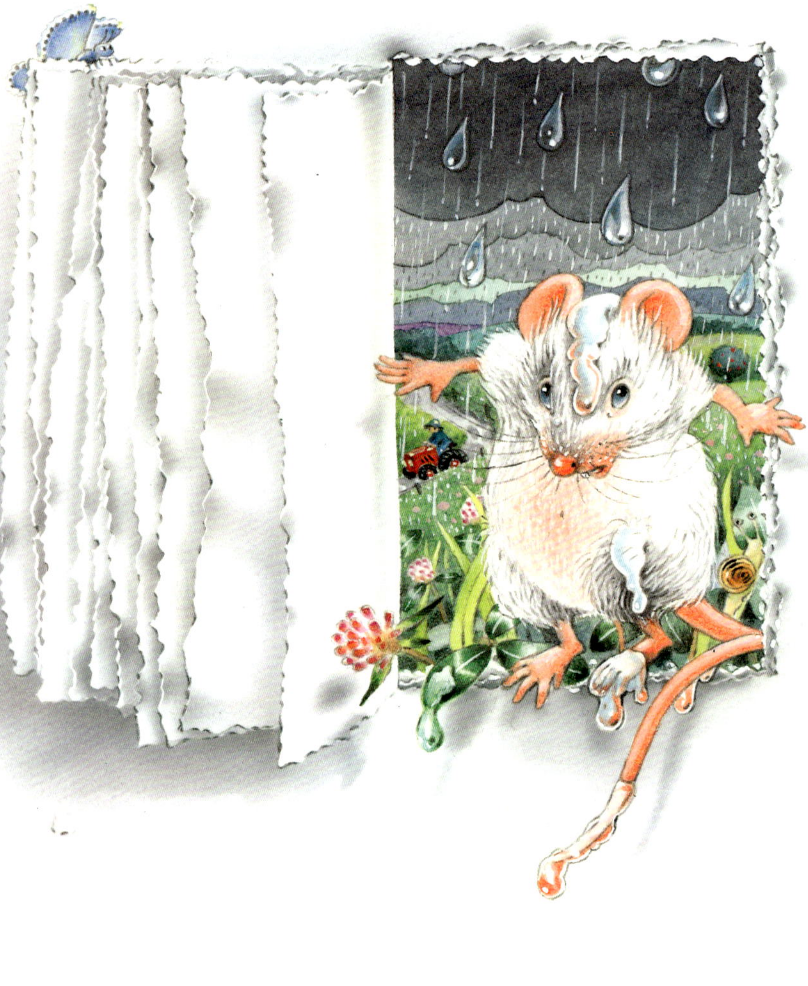

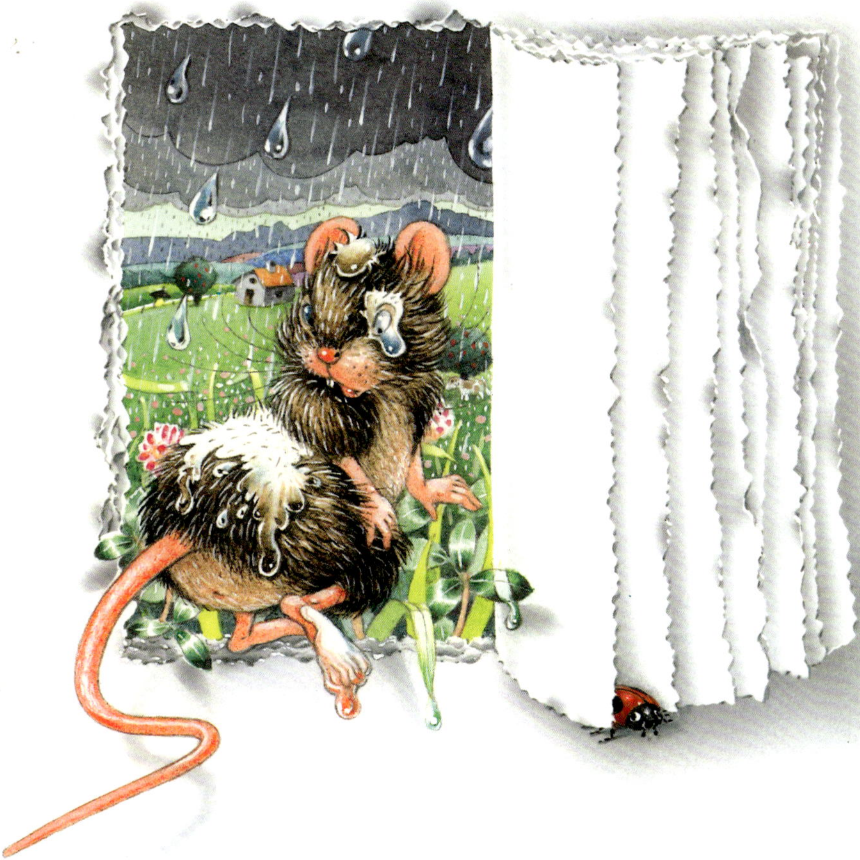

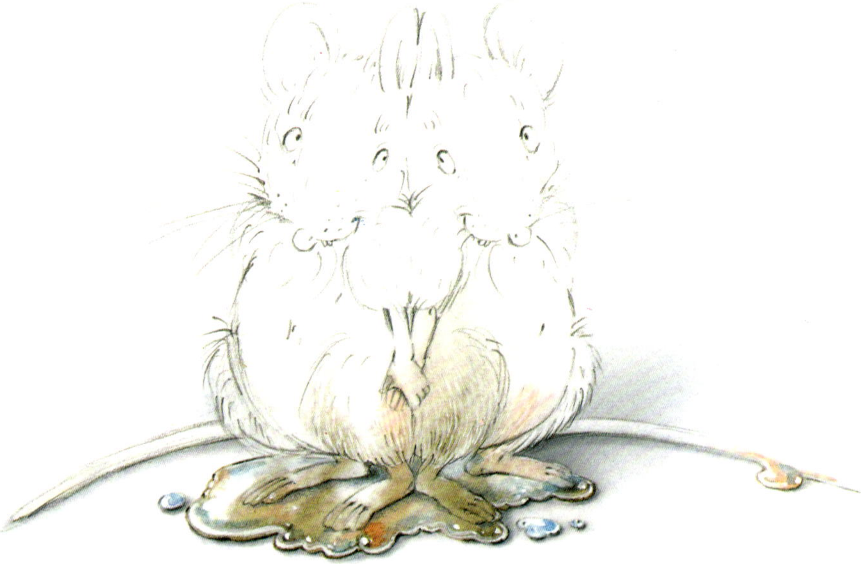